Vater unser

Vater unser

Das Gebet Jesu für heute erschlossen

Herausgegeben von Peter Walter

FREIBURG · BASEL · WIEN

Bildnachweis
Die Abbildungen entstammen dem Buntglaszyklus von
Alfred Riedel (1906–1969) in der Vaterunser-Kapelle, Ibental
(bei Freiburg). Die Kapelle wurde 1967/68 von dem Verleger
Theophil Herder-Dorneich und dessen Frau Elisabeth geb.
Herder erbaut. Die Gestaltungsidee der Kapelle verknüpft die
sieben Bitten des Vaterunsers mit den sechs bzw. sieben Schöpfungstagen und den vier Elementen. Sie versucht damit, im
Kleinen die große Aufgabe „Kirche inmitten der Welt" zu
veranschaulichen, die sich nach dem Zweiten Vatikanischen
Konzil stellt.
Fotos: © Clemens Carl.

© Verlag Herder GmbH, Freiburg im Breisgau 2019
Alle Rechte vorbehalten
www.herder.de
Umschlaggestaltung: Verlag Herder
Umschlagmotiv: © Clemens Carl
Satz: dtp studio eckart | Jörg Eckart, Frankfurt
Herstellung: Těšínská Tiskárna a. s., Český Těšín
Printed in the Czech Republic
ISBN Print 978-3-451-38322-9
ISBN E-Book (PDF) 978-3-451-82322-0

Inhalt

Vorwort / 7

Einleitung / 11
Peter Walter

Das Vaterunser / 17

Vater unser im Himmel,
geheiligt werde dein Name / 21
Peter Walter

Dein Reich komme / 31
Ulrich Dahmen

Dein Wille geschehe, wie im Himmel
so auf Erden / 39
Karlheinz Ruhstorfer

Unser tägliches Brot gib uns heute   /   49
Ferdinand R. Prostmeier

Und vergib uns unsere Schuld,
wie auch wir vergeben unseren
Schuldigern   /   57
Mirjam Schambeck sf

Und führe uns nicht in Versuchung   /   65
Michael Hauber

Sondern erlöse uns von dem Bösen   /   73
Michael Hauber

Denn dein ist das Reich und die Kraft
und die Herrlichkeit in Ewigkeit.
Amen   /   81
Peter Walter

Über die Autorin und die Autoren   /   87

Vorwort

Die vorliegende Auslegung des Vaterunsers verdankt ihre Entstehung der von Papst Franziskus ausgelösten Diskussion über die richtige Übersetzung der vorletzten Bitte. Herr Klaus Nientiedt, der Chefredakteur des Konradsblatts, der Wochenzeitung für das Erzbistum Freiburg, nahm diese Debatte zum Anlass für eine Artikelserie, die in der Fastenzeit und zu Ostern 2018 erscheinen sollte, und fragte bei mir an, ob ich bereit sei, diese zu koordinieren. Erfreulicherweise haben Professorin Dr. Mirjam Schambeck sf und die Professoren Dr. Ulrich Dahmen, Dr. Ferdinand Prostmeier und Dr. Karlheinz Ruhstorfer von der Freiburger Theologischen Fakultät sowie mein früherer Assistent Dr. Michael Hauber spontan ihre Mitwirkung zugesagt. Dafür sei ihnen herzlich gedankt. Von letzterem wusste ich, dass er sich gerade mit der umstrittenen Bitte beschäftigte. Da die Artikelserie am Ostersonntag mit der Schlussdoxologie enden sollte, hat er die beiden letzten Bitten in einem Beitrag zusammengefasst. Für diese Publikation behandelt er sie, wie in den meisten Kommentaren üblich, getrennt. Er und die übrigen Mitwirkenden haben von der Gelegenheit Gebrauch gemacht, ihre Beiträge zu erweitern.

Wie bei dem vor wenigen Jahren von den Kolleginnen und Kollegen der Theologischen Fakultät Freiburg für das Konradsblatt verfassten Kommentar zum Apostolischen Glaubensbekenntnis hat auch diesmal der Verlag Herder sein Interesse an einer Buchausgabe bekundet. Herrn Clemens Carl sei herzlich für die Betreuung der Drucklegung gedankt. Von ihm stammt auch die Anregung, das Büchlein durch Illustrationen zu bereichern. Es handelt sich dabei um Glasfenster mit Kreuzesdarstellungen aus der vor fünfzig Jahren vollendeten und geweihten Vaterunser-Kapelle im Ibental, einem ganz auf dieses Gebet bezogenen Sakralbauwerk. Die Kapelle wurde im Anschluss an das Zweite Vatikanische Konzil konzipiert, um „Kirche inmitten der Welt" zu veranschaulichen. Die Erbauer haben mit dem Vaterunser als Programm des Bauwerks das Ziel verbunden, zu helfen, „alles, was zerstreut ist, zusammenzusehen und in die doppelte Bewegung des Vaterunsers zu führen: Gott ruft den Menschen an, und der Mensch antwortet Gott. In der Mitte des Vaterunsers, in der Brotbitte, ist der große Kreuzungspunkt aller Welt:

Das Brot der Erde für den Leib, das Brot des Wortes für den Geist, der Logos selbst für das ewige Leben: Christus." Entworfen hat die „Glühenden Fenster", wie er sie nennt, der hauptsächlich für den Verlag Herder tätige Buchillustrator und Schriftgraphiker Alfred Riedel (1906–1969), der die Schrift Adamas-Antiqua gestaltet hat, in der die offiziellen liturgischen Bücher des deutschen Sprachraums gesetzt werden. Mit dieser eher unbekannten Seite seines Schaffens sei fünfzig Jahre nach seinem Tod an diesen bedeutenden Buchkünstler erinnert.

Möge die folgende Erklärung helfen, den Text des Vaterunsers vor seinem biblischen Hintergrund zu erschließen, und so zu seiner Verheutigung beitragen.

Freiburg im Breisgau,
am Ersten Adventssonntag
2. Dezember 2018   Peter Walter

Einleitung

Peter Walter

Ob das Vaterunser häufiger in Gemeinschaft oder von einzelnen gebetet wird, ist kaum zu entscheiden. Von seiner sprachlichen Gestalt her ist es ohne Zweifel ein in Gemeinschaft zu sprechendes Gebet. Dies steht in einer gewissen Spannung zu dem im Matthäusevangelium, und nur hier, unmittelbar vorausgehenden Rat Jesu, sich zum Beten in die Kammer zurückzuziehen und die Tür zu schließen, statt sich in der Öffentlichkeit betend zur Schau zu stellen (vgl. Mt 6,5f.). Aber das Personalpronomen des dann folgenden Gebetes, das Jesus die Seinen zu beten lehrt, steht nicht in der 1. Person Singular, sondern in der 1. Person Plural. Das gilt auch für die kürzere, im Lukasevangelium überlieferte Fassung, die zwar einfach mit „Vater" beginnt, aber in den Bitten des zweiten Teiles ebenfalls aus der Perspektive einer Mehrzahl formuliert.

Im Neuen Testament sind zwei Fassungen dieses Gebets überliefert. Sie lauten in der Einheitsübersetzung von 2016:

Unser Vater im Himmel, geheiligt werde dein Name, dein Reich komme, dein Wille geschehe wie im Himmel, so auf der Erde. Gib uns heute das Brot, das wir brauchen! Und erlass uns unsere Schulden, wie auch wir sie unseren Schuldnern erlassen haben! Und führe uns nicht in Versuchung, sondern rette uns von dem Bösen!	*Vater, geheiligt werde dein Name. Dein Reich komme.* *Gib uns täglich das Brot, das wir brauchen! Und erlass uns unsere Sünden; denn auch wir erlassen jedem, was er uns schuldig ist. Und führe uns nicht in Versuchung!*
(Mt 6,9–13)	(Lk 11,2–4)

Der matthäischen Fassung entspricht mit geringen Abweichungen die in der ältesten Kirchenordnung, der um 100 in Syrien entstandenen „Lehre der zwölf Apostel", enthaltene Variante (Didache 8,2f.). Diese ist vor allem deshalb von Bedeutung, da sie über die beiden neutestamentlichen Fassungen hinaus einen lobpreisenden Abschluss bietet („denn dein ist die Kraft und die Herrlichkeit in Ewigkeit"), der, leicht erweitert, auch die gegenwärtig geltende Fassung des Vaterunsers abrundet.

Das Gebet gliedert sich klar in zwei Teile: zwei bzw. drei Du-Bitten im ersten und drei bzw. vier Wir-Bitten im zweiten Teil. Während die ersteren ganz auf die Ehre Gottes ausgerichtet sind, nehmen die letzteren die betenden Menschen und ihre Sorgen und Nöte in den Blick. Nach mehr oder weniger übereinstimmender Meinung der exegetischen Forschung stammt das Gebet von Jesus, der es in aramäischer Sprache formulierte. Die kurze Anrede und die Zahl der bei Lukas überlieferten Bitten, nicht unbedingt ihr Wortlaut, scheinen ursprünglich zu sein. Aus der Tatsache, dass jüdisches Beten nicht strikt festgelegt war und wohl auch Jesus keine verbindliche Standardformulierung bieten wollte, erklären sich die Erweiterungen der matthäischen Langfassung. Diese gehen nicht unbedingt auf den Evangelisten zurück, sondern können von ihm bereits vorgefunden worden sein. Da man möglichst kein Wort Jesu verlieren wollte, hat sich in der Liturgie, wie auch bei den sogenannten Einsetzungsworten des Abendmahls, die längere Variante durchgesetzt.

Seinen in der römisch-katholischen Eucharistiefeier noch heute gewohnten Platz im unmittelbaren Anschluss an das Hochgebet und am Übergang zum Kommunionteil bekam das Vaterunser an der Wende zum 7. Jahrhundert unter

Papst Gregor dem Großen (gest. 604). Seitdem bildet es hier so etwas wie das Tischgebet, das allerdings mit zurückgehender Kommunionhäufigkeit in Mittelalter und Neuzeit diese Funktion verlor. Bis zur Liturgiereform im Gefolge des Zweiten Vatikanischen Konzils wurde es allein vom Vorsteher der Feier, und zwar in der damals allein zugelassenen Sprache, Latein, gesprochen; der Gemeinde kam nur die letzte Bitte zu („sed libera nos a malo", in älteren Übersetzungen wiedergegeben mit „sondern erlöse uns von dem Übel"). Der Kenntnis des Gebetes bei den Gläubigen scheint dieser Usus nicht förderlich gewesen zu sein. In der evangelischen Liturgie wurde der Brauch, dass allein der Vorsteher des Gottesdienstes das Vaterunser spricht, zunächst teilweise beibehalten, heute wird es auch hier von der Gemeinde gebetet. Allerdings wird das Vaterunser im evangelischen Gottesdienst flexibler eingesetzt. Es kann, falls das Abendmahl gefeiert wird, den Übergang zum Kommunionempfang markieren, es kann aber auch als Abschluss der Fürbitten oder des Gottesdienstes oder als Schuldbekenntnis fungieren. Als solches galt es schon in der Regel des hl. Benedikt, nach der der Obere am Schluss von Morgenlob und Vesper das Vaterunser laut und vernehmlich vorbeten und dadurch die Anwesenden zur Gewissenserforschung und zur Vergebungsbereitschaft anregen sollte. Später und bis zur jüngsten Liturgiereform schlossen alle Tagzeiten des Stundengebets mit dem meist leise gebeteten Vaterunser. In der gegenwärtig in der römisch-katholischen Kirche geltenden Tagzeitenliturgie bildet es den Abschluss der Fürbitten von Laudes und Vesper.

Dass das Vaterunser von Anfang an auch individuell gebetet wurde, bezeugt die in der Didache (8,3) überlieferte Aufforderung zum täglich dreimaligen Beten des Vaterunsers, wobei offen bleibt, wann dies stattfinden soll und ob es nicht doch in Gemeinschaft geschah. Cyprian von Karthago (gest. 258) hat in seiner Vaterunser-Auslegung dafür die dritte, sechste und neunte Stunde des Tages angegeben und zwei weitere Gebetszeiten hinzugefügt, Morgen und Abend. Zugleich hat er herausgestellt, dass das Vaterunser schon sprachlich kein privates, sondern öffentliches Gebet von allen für alle sei. Er bezeichnet es als „Zusammenfassung der himmlischen Lehre". Schon Tertullian (gest. um 220) hatte es „Kurzfassung des gesamten Evangeliums" genannt und in seinem umfassenderen Traktat über das Gebet kommentiert. Ähnlich hat es in der griechischsprachigen Welt Origenes (gest. 253) gehalten. Neben dem Glaubensbekenntnis, den Zehn Geboten und den Sakramenten gehört das Vaterunser bis heute zum festen Bestand katechetischer Unterweisung. Die Kommentare dazu sind kaum zu überschauen.

Sie sind ein Zeichen für die geistliche Kraft, die von diesem Gebet ausgeht.

Seit 1970/71 kann das Vaterunser in ökumenischer Gemeinsamkeit auf Deutsch gesprochen werden. Damals hat die aus Vertretern der römisch-katholischen Kirche, der evangelischen Landeskirchen und einiger Freikirchen sowie der altkatholischen Kirche bestehende Arbeitsgemeinschaft für liturgische Texte die heute gebräuchliche ökumenische Übersetzung des Vaterunsers, des Apostolischen und des Großen Glaubensbekenntnisses und weiterer hymnischer Texte von Eucharistiefeier und Abendmahl geschaffen. Diese Texte wurden im Laufe der Zeit von den beteiligten Kirchen rezipiert und haben sich auch im privaten Gebet durchgesetzt und bewährt. Um diese Einheit nicht zu gefährden, können mögliche Änderungen, wie sie etwa die französische Bischofskonferenz im Hinblick auf die vorletzte Bitte vorgenommen hat, gewiss nur in ökumenischer Verbundenheit erfolgen. Gerade weil es sich beim Vaterunser um das Herzstück christlichen Betens handelt, dürfen Veränderungen im Wortlaut, die um der Sache willen als notwendig erscheinen, nicht ausgeschlossen werden, auch wenn der Weg dahin weit sein sollte.

Das Vaterunser

Vater unser im Himmel,

*geheiligt werde dein Name.
Dein Reich komme.
Dein Wille geschehe, wie im Himmel
so auf Erden.*

*Unser tägliches Brot gib uns heute.
Und vergib uns unsere Schuld, wie auch
wir vergeben unseren Schuldigern.
Und führe uns nicht in Versuchung,
sondern erlöse uns von dem Bösen.*

*Denn dein ist das Reich und die Kraft und
die Herrlichkeit in Ewigkeit.
Amen.*

Vater unser im Himmel, geheiligt werde dein Name

Peter Walter

Das Vaterunser wie das Neue Testament insgesamt lassen die Anrede Gottes als Vater als etwas Selbstverständliches erscheinen. Sie begegnet in allen Überlieferungsschichten, sowohl im Mund Jesu als auch in der frühchristlichen Verkündigung. Eine menschliche Beziehung, die des Vaters zu seinen Kindern, wird hier herangezogen, um zu beschreiben, wie Gott sich zu den Menschen verhält und wie diese sich zu ihm verhalten dürfen. Wenn man jedoch ins Alte Testament schaut, verändert sich das Bild radikal. Dort gibt es nur verschwindend wenige Stellen, insgesamt fünfzehn, an denen Gott Vater genannt oder als solcher angeredet wird. Sie finden sich allesamt erst in später Zeit, etwa in einem Gebet aus der Zeit des Babylonischen Exils (6. Jahrhundert v. Chr.), das im dritten Teil des Jesajabuches überliefert ist. Nachdem das Südreich Juda zerstört ist, greift die Gebetssprache auf die noch intakten familiären Strukturen zurück und appelliert an die Schutzfunktion des Familienoberhaupts: „Du bist doch unser Vater" (Jes 63,16 [zweimal]; 64,7). Interessant ist, dass die auf JHWH übertragene Vatervorstellung gerade in diesem Teil des Jesajabuches auch den Gedanken der Mutterschaft in sich aufnimmt. Hier findet sich der vielzitierte Satz: „Ich will euch trösten, wie einen seine Mutter tröstet" (Jes 66,13), wobei, anders als bei den Vateraussagen, durch das vergleichende „wie" der metaphorische Charakter dieser Sprechweise klargemacht wird. Für altorientalische Gottesvorstellungen ist es durchaus nicht ungewöhnlich, dass eine Gottheit, gleich welchen Geschlechtes, kraft ihrer über menschliches Verstehen hinausgehenden Fähigkeiten die Funktionen beider Menschengeschlechter wahrnehmen kann, ohne deshalb als Zwitterwesen gedacht werden zu müssen. Die Vorstellung von Gott als Vater ist im Judentum nicht prägend geworden. Das palästinische Judentum blieb eher zurückhaltend, das hellenistische in der Diaspora Ägyptens hingegen zeigte sich anschlussfähig zum griechischen Raum, wo „Vater" bzw. „Vater der Menschen und Götter" die häufigste Bezeichnung für den höchsten Gott Zeus war. Aber auch hier wollte man sich nicht der Gefahr der Religionsvermischung aussetzen. Die christliche Trinitätstheologie mit ihrer Rede von Vater, Sohn und Heiligem Geist, von der man sich abgrenzte, tat ein Übriges, sodass im Judentum wenig und im Islam gar nicht von Gott als Vater die Rede ist.

Jesus zeigt sich unbeeindruckt von der Sorge, durch die Vateranrede könne Gott verniedlicht oder ein problematisches Gottesverständnis hoffähig werden. Auch wenn das aramäische Wort „abba", mit dem er Gott anredet, kein kindliches „Lallwort" ist, wie man lange Zeit meinte, sondern einfach die Form, in der man in der Muttersprache Jesu den Vater in der Familie anredet, ist dies im damaligen jüdischen Kontext doch auffallend. Ausdrücklich wird ihm diese Gottesanrede in aramäischer Sprache nur an einer einzigen Stelle in den Mund gelegt, beim Gebet im Garten Getsemani, das nach der Schilderung der Szene eigentlich niemand gehört haben kann: „Abba, Vater, alles ist dir möglich. Nimm diesen Kelch von mir! Aber nicht, was ich will, sondern was du willst" (Mk 14,36). In einem weiteren, in der Logienquelle überlieferten Gebet gebraucht Jesus die Vateranrede: „Ich preise dich, Vater, Herr des Himmels und der Erde, weil du das den Weisen und Klugen verborgen und es den Unmündigen offenbart hast. Ja, Vater, so hat es dir gefallen" (Lk 10,21). Auch wenn hier das aramäische „abba" nicht begegnet, sondern das griechische Äquivalent, darf man es in dem von Jesus gesprochenen Jubelruf doch voraussetzen. Dasselbe gilt für die Vateranrede in der lukanischen Fassung des Vaterunsers (Lk 11,2). Wenn Paulus an zwei herausragenden Stellen in seinem Briefwerk das aramäische Wort gebraucht, mit dem die Betenden Gott anrufen dürfen, scheint er auf den Beginn des Vaterunsers zurückzugreifen: „Denn ihr habt nicht einen Geist der Knechtschaft empfangen, sodass ihr immer noch Furcht haben müsstet, sondern ihr habt den Geist der Sohnschaft empfangen, in dem wir rufen: Abba, Vater!" (Röm 8,15; vgl. Gal 4,6)

Durch die familiäre Gottesanrede verkürzt Jesus den Abstand zwischen Gott und den Menschen, nicht indem er Gott verniedlicht, sondern indem er die Menschen erhöht. Er nimmt sie mit hinein in sein vertrautes Verhältnis zu seinem Vater, an den sie sich als geliebte Kinder wenden dürfen. Paulus hat das an den beiden genannten Stellen sehr treffend zum Ausdruck gebracht und diese Aufnahme der Glaubenden in das Sohnesverhältnis, das Jesus mit dem Vater verbindet, als Wirken des göttlichen Geistes charakterisiert.

Die Beifügung „in den Himmeln" in der Fassung des Vaterunsers, die sich im Matthäusevangelium (Mt 6,9) findet und in die kirchliche Liturgie eingegangen ist, die in der lukanischen Fassung (Lk 11,2) fehlt, unterstreicht die Größe und Erhabenheit Gottes. Genau darum wird in der ersten Bitte „geheiligt werde dein Name", die beiden Fassungen gemeinsam ist, gebetet. „Der Name" ist in der jüdischen Tradition ein Wort, das anstelle des unaussprechlichen Eigennamens Gottes, JHWH, gebraucht wird. Wenn in dem frühchristlichen Hymnus, den Paulus im Philipperbrief zitiert, gesagt wird, Gott habe den Gekreuzigten „über alle erhöht und ihm den Namen verliehen, der größer ist als alle Namen" (Phil 2,9), dann kommt darin die Teilhabe des Erhöhten an der Gottheit Gottes zum Ausdruck. Unter der Heiligung dieses Namens, um die Jesus im Vaterunser bittet, kann man geradezu die Ehrfurcht verstehen, den Namen Gottes nicht durch Aussprechen zu profanieren. Die passivische Form „geheiligt werde" ist im Judentum eine weitere Weise vom Handeln Gottes zu sprechen, ohne dessen Namen zu gebrauchen. Von daher ist es zu verstehen, dass bei der Revision der Einheitsübersetzung die Wiedergabe des unaussprechlichen Gottesnamens, die die bisherige Einheitsübersetzung von allen anderen Bibelübersetzungen unterschied, rückgängig gemacht wurde. Nicht ganz einsichtig hingegen ist, warum dies durchgängig mit dem patriarchal klingenden Herr geschieht, sosehr man sich dafür auf die Septuaginta, die maßgebliche jüdische Übersetzung ins Griechische berufen kann.

Das Heiligen des Gottesnamens ist nicht primär eine Aufgabe der Menschen, sondern etwas, worum Jesus Gott selber bittet. Er bittet den Vater, sich als Gott zu erweisen. Im Grunde ist es die Umformulierung der Grundbotschaft Jesu von der nahegekommenen Herrschaft bzw. vom

Reich Gottes oder der Himmel in die Gebetssprache. Wenn die Gottesherrschaft darin besteht, dass die Menschen, die sich von ihr in die Pflicht nehmen lassen, nach Gottes Willen leben, sich für Gerechtigkeit und Frieden einsetzen, dann ist diese Bitte zugleich eine Selbstverpflichtung der Betenden, dem Wirken Gottes Raum zu geben und daran mitzuwirken. Auch das dem Wort Vater beigefügte Pronomen „unser" steht nur im Matthäusevangelium. Es betont schon zu Beginn den Gemeinschaftscharakter dieses Gebets, der in den Bitten des zweiten Teils deutlich zum Ausdruck kommt. Dass es beim Bezug auf die eigene Gruppe immer auch um Abgrenzung gegen andere geht, macht die antijudaistische Deutung schmerzlich klar, die manche christliche Ausleger damit verbinden. So etwa Cyprian von Karthago (gest. 258), der aus dem „unser" heraushört, dass Gott aufgehört habe, der Vater der Juden zu sein, die ihn verlassen hätten.

Die Selbstverständlichkeit der christlichen Vateranrede für Gott wurde in jüngerer Zeit durch die Feministische Theologie infrage gestellt, die sensibel dafür gemacht hat, dass das Gottesbild sich auf das Menschenbild und die gesellschaftliche Wirklichkeit auswirkt und umgekehrt. Man kann darüber streiten, ob die Bezeichnung Gottes als Vater, weil sie von Jesus gebraucht wird, zur Offenbarung gehört und deshalb unveränderlich ist oder ob es sich um eine aus dem damaligen kulturellen Kontext heraus zu verstehende Anrede Gottes handelt, die in einer patriarchal geprägten Kultur das männliche Familienoberhaupt in den Mittelpunkt stellt und die in einem veränderten Kontext auch anders formuliert werden kann. Es wird vielleicht eine Zeit kommen, in der das Vaterunser wie jetzt in der „Bibel in gerechter Sprache" beginnt: „Du, Gott, bist unser Vater und Mutter im Himmel".

Dein Reich komme

Ulrich Dahmen

Die Bitte um das Kommen des Reiches Gottes geht von ihrem Inhalt und der dahinter stehenden Vorstellungswelt auf alttestamentliche Wurzeln zurück. Das Bedeutungsfeld des griechischen Wortes *basileía* (*toû theoû*)/„(Königs-)Herrschaft Gottes" beinhaltet immer die Vorstellung von Gott als König.

Ein Grund – neben verschiedenen anderen – für die Vorstellung von Gott als König im Alten Testament war der mit dem Babylonischen Exil (6. Jahrhundert v. Chr.) einhergehende Verlust von Staat / Land und Tempel, aber vor allem des davidischen Königtums, das nach dem Ende des Exils auch nicht re-installiert wurde, sondern, folgt man dem biblischen Zeugnis, sang- und klanglos im Dunkel der früh-nachexilischen Geschichte verschwindet. Damit stand aber nun die göttliche Zusage an David, ihm und seinen Nachkommen ein Haus zu bauen, also seinem Königtum ewigen Bestand zu verleihen (vgl. 2 Sam 7,11–16; breit aufgegriffen in Ps 89,4–5.29–30.34–38), zur Disposition, weil sie anscheinend von Seiten Gottes als nicht mehr wirksam anzusehen war. Diese Auseinandersetzung geschieht gegenüber Gott in der Klage von Ps 89,39-47.50-52, wo dieser Grundkonflikt nachhaltig in Worte gefasst wird: Das Vertrauen auf Gott ist nicht grundsätzlich verloren gegangen, aber es wird auf eine harte Probe gestellt. Wenn man an den Zusagen Gottes gegenüber seinem gesalbten König festhalten wollte und Gott nicht der Lüge oder des Betrugs gegenüber David und Israel oder eines Selbstwiderspruchs bezichtigen wollte, musste man ihn weiterhin an seine unverbrüchliche Verheißung erinnern. Und man musste – weil Gott seinen Bund nicht brechen kann (Ps 89,34f.), das Verschwinden der Davidsdynastie aber ein nicht ignorierbares historisches Faktum darstellt – zur Beantwortung der Frage nach dem Ob und Wie der Weitergeltung der göttlichen Verheißung an David eine Konzeption entwickeln, die am Königtum festhalten kann – mit Ideen, die in den nach Psalm 89 folgenden Psalmen schon vorgezeichnet sind.

Eine Idee – neben verschiedenen anderen – ist: Das davidische Königtum geht über bzw. verwirklicht sich im Königtum Gottes. Die JHWH-Königpsalmen (Ps 93-100) führen die von Ps 89 aufgeworfenen Fragen und Zweifel über den Fortbestand des davidischen Königtums einer pointierten, neuen Lösung zu: „JHWH ist König" (Ps 93,1; 96,10; 97,1; 99,1); und als König über Israel, begründet in seiner ewigen Herrschaft über Welt und Kosmos, führt er seine Verheißung gegenüber David höchstpersönlich fort, auch wenn es keinen irdischen Davididen (mehr) geben sollte. Gottes Königtum – oder: Gott allein – genügt! Nach dem Verschwinden der Davidsdynastie (Ps 89,45) bleibt am Ende von Ps 89 von den Thronaussagen nur noch der göttliche Thron als Garant für die Weltordnung. Die JHWH-Königpsalmen greifen die Motivik des göttlichen Thrones auf: So spricht z. B. Ps 93,2 vom festgegründeten göttlichen Thron. Selbst wenn alle Davidszusagen hinfällig würden, so hat doch das Königtum Gottes Bestand und bleibt das Fundament jeglichen Vertrauens. Die JHWH-Königpsalmen legen einen tieferen Grund, als dieser vom davidischen Königtum gegeben werden kann: JHWH ist der König Israels und der Welt. Die Königsherrschaft Gottes äußert sich in zwei Aspekten: in der Souveränität über die Schöpfung (vgl. Ps 93,1; 96,10) und über alle Bewohner der Erde. Ihre Folge ist der Jubel der Schöpfung und die Wallfahrt der Völker nach Jerusalem. Nach Ps 99 wird sich JHWHs Königsherrschaft auch weltumfassend gegenüber den Völkern durchsetzen.

Dennoch bleibt die Frage offen, ob es nicht doch einen irdischen König als Stellvertreter oder Repräsentant Gottes auf der Erde geben müsste. In den JHWH-Königpsalmen stellt sich die Frage nach der Funktion eines irdischen Königs nicht; diese Leerstelle zeigt an, dass von vornherein nicht mit einem intensiven Zusammenhang und mit einer Harmonie zwischen dem Königtum Gottes und dem Königtum seines irdischen Vertreters gerechnet werden kann. Aber immerhin denken die Propheten (vgl. Jes 9; 11; Mi 5) laut über einen neuen König aus dem Haus Davids nach. Diese offene Frage wird am Ende des Psalmenbuches von den Ps 144 und 145 ebenso pointiert wie ganz anders beantwortet.

In der Neuinterpretation des Königspsalms 18, der seinerseits zusammen mit Ps 20 und 21 die Schwachheit und Abhängigkeit des irdischen Königs von JHWH thematisiert, wird in Psalm 144 die königliche Thematik abgeschwächt und durch eine allgemeine Bedrängnissituation des einzelnen Beters ersetzt: Das Bild des Königs als Sieger aus göttlichem Beistand wird durch jenes des geretteten Beters ersetzt; so wird die Engführung auf die Person des Königs und die davidische Dynastie ins Allgemeine verflüchtigt. Für David bleibt nicht mehr der Gesalbtentitel, sondern jener des „Knechts JHWHs"; der ist zwar auch ein wahrhaft königlicher Titel und Ehrenname für David, kann aber auch als Ausdruck des besonderen Vertrauensverhältnisses zu Gott zur Selbstbezeichnung eines jeden Beters werden. Mit dieser Akzentverschiebung wird die königliche Komponente abgeschwächt und die Identifikation des individuellen Beters mit dem ursprünglich königlichen Psalmen-Ich erleichtert. Ps 144,12–15 schließlich führt vollends den Perspektivenwechsel vom Individuum zum Volk durch. Die Abschwächung der königlichen Davidsperspektive zugunsten der individuellen Einzelgestalt als beispielhafter Beter wird hier in die Vorbildhaftigkeit für das ganze Volk eingebunden. So steht in Ps 144 am Ende das Volk im Mittelpunkt.

Psalm 145 hat dann das Lob der göttlichen Königsherrschaft zum Thema: Gott ist der eigentliche König. Der Psalm handelt ausschließlich vom göttlichen Königtum; darin ist weder Raum noch Notwendigkeit für einen irdischen König, und sei er davidischer Abstammung. Die Aufgabe, die David noch bleibt, besteht darin, diese göttliche Königsherrschaft mit seinem Lobpreis „auf immer und ewig" (Ps 145,1.21) zu begleiten. Der unbegrenzten göttlichen Herrschaft entspricht keine menschliche Herrschaft mehr, sondern allein die unbegrenzte Dauer des menschlichen Lobs. So gibt David in Psalm 145 sein Königtum ab! Er bleibt allein der, der Gott lobt; er verschwindet geradezu hinter seinem Gotteslob. Mit dem letzten Davidpsalm (!) des Psalters wird der den ganzen Psalter durchziehende und im ganzen Alten Testament immer wieder thematisierte Widerspruch von menschlichem und göttlichem Königtum im Blick auf die Fortgeltung und Trägerschaft der Davidsverheißung zugunsten des göttlichen Königtums letztgültig aufgelöst; das irdische Königtum schafft sich selbst ab, indem es in das menschliche Gotteslob hinein verschwindet. Und was dem König obliegt, kann nach Ps 144 zur Nachahmung durch jeden Menschen / Beter werden (vgl. die universale Perspektive Ps 145,21).

Diese Konzeption von der Königsherrschaft Gottes, die als etwas sehr Präsentes vorgestellt wird, hat ihre prominenteste Rezeption in der Verkündigung Jesu von der Ansage der nahen und bereits in der Gegenwart Platz greifenden Königsherrschaft Gottes (*basileía toû theoû*; vgl. Mt 12,28; Mk 1,15; Lk 10,9; 11,20 u. ö. sowie die diversen Gleichnisse „das Reich Gottes ist wie ..." in Mk 4,26–32; Lk 13,18–21 u. ö.) gefunden. Sie dürfte am ehesten das Selbstverständnis des historischen Jesus von Nazaret – als Prophet dieser Königsherrschaft Gottes – treffen; und so ist es nur konsequent, wenn er sie im Gebet als Bitte um ihre Vollendung vor Gott trägt.

Dein Wille geschehe, wie im Himmel so auf Erden

Karlheinz Ruhstorfer

Diese Bitte klingt in den Ohren heutiger Menschen wohl wie eine Zumutung, und das zumindest in zweierlei Hinsicht. Zum einen scheint es darum zu gehen, den eigenen Willen aufzugeben und sich in schicksalhafte Anordnungen Gottes zu ergeben. Soll sich also nur ein mir undurchsichtiger Wille Gottes vollziehen, angesichts dessen mein Wille die ihm eigene Würde verliert? Zum anderen beunruhigt die Zumutung, dass doch viele Dinge auf der Welt geschehen, die offenkundig nicht dem Willen eines guten, liebenden Gottes entsprechen können. Will oder kann Gott all das offenkundige Leid nicht verhindern?

Um einer Antwort auf diese Fragen näher zu kommen, ist es sinnvoll, zunächst die Unterscheidung von „Himmel" und „Erde" zu bedenken. Die Rede vom Himmel in der aktuellen Bitte bezieht sich zurück auf die Anrede Gottes am Beginn des Gebets als „unser Vater in den Himmeln" (Mt 6,9). Gottes Aufenthalt – der Himmel – wird vom Wohnort der Menschen – der Erde – unterschieden. Der Himmel ist der Ort, an dem sich der Wille Gottes immer schon vollzieht. Dort herrscht auch die Gerechtigkeit (vgl. Mt 6,33), die wir auf Erden so bitter vermissen. Die Bitte zielt nun darauf, dass der Wille Gottes, sein Reich (6,10) und seine Gerechtigkeit auch auf Erden wirksam und wirklich werden sollen. Die Erde ist gerade der Ort, an dem allzu oft Unrecht und in der Folge Unglück dominieren. Im antiken Weltbild Jesu ist die Erde zunächst der Ort, an dem der Satan herrscht. Die Menschen erfahren alltäglich das Widergöttliche. Der konkrete Alltag der Zeitgenossen Jesu im von römischen Truppen besetzten Palästina erinnert in manchem an die heutige Situation etwa in Afghanistan: Er ist gekennzeichnet von militärischer Gewalt, religiösem Fanatismus, politischem Unrecht, brüchigen Strukturen. Darüber hinaus prägen massive Armut, Krankheit und schließlich Tod das Leben der Menschen – damals wie heute. Das alltägliche Unheil kann aber nicht der Wille des guten Gottes Israels sein, der sein Volk noch immer aus allem Unglück und aus aller Unterdrückung befreit hat, wie in besonderer Weise die Exoduserzählungen des Alten Testaments belegen. Aber auch an die Gottesknechtslieder und die Erlösungshoffnungen des Propheten Jesaja ist zu denken. Auf diese

Befreiungsnarrative richteten sich die messianischen Hoffnungen der Menschen auch in den Tagen Jesu.

Jesus selbst verkündet in besonderer Weise die nahe Wende in der Geschichte. Gottes endzeitliches Eingreifen steht unmittelbar bevor. Wahrscheinlich hat Jesus die Naherwartung des Gottesreichs und damit des endzeitlichen Gerichts von Johannes dem Täufer übernommen, dessen Schüler er war. Der asketische Täufer erwartete das Gericht für die nahe Zukunft. Durch den Ritus der Taufe galt es, die Unreinen rein zu machen, von den Sünden zu befreien und dadurch zu retten. Jesus selbst unterscheidet sich in einigen Punkten nicht unwesentlich von Johannes. Er tritt in dieser auf Wandel hoffenden Welt mit der Überzeugung auf, dass die Macht des Bösen schon jetzt prinzipiell gebrochen ist: „Ich sah den Satan wie einen Blitz aus dem Himmel fallen" (Lk 10,18). Die Herrschaft des Satans ist vorbei. Möglicherweise bewahrt dieses Wort eine Erinnerung an eine Bekehrungsvision oder an ein Schlüsselerlebnis Jesu auf.

Nach dem Markusevangelium ringt Jesus zunächst selbst in der Einsamkeit mit dem Satan. Er wird in Versuchung geführt, doch überwindet er ihn zuletzt (Mk 1,12f.). So schließt sich unmittelbar an die Versuchungsgeschichte das erste öffentliche Auftreten Jesu an. Er verkündet die befreiende Herrschaft Gottes: „Die Zeit ist erfüllt, das Reich Gottes ist nahe. Kehrt um und glaubt an das Evangelium" (Mk 1,15). Die Evangelisten deuten das Jesuswort von der Umkehr als ein Umdenken *(metánoia)*. Es kommt darauf an, durch ein neues Denken das allesentscheidende Vertrauen in Gott zu gewinnen. Dieses neue, vertrauende Denken nennt das Neue Testament mit Jesus: Glaube. Der Glaube hält daran fest, was die Augen nicht sehen, dass nämlich Gottes Reich bereits angebrochen ist. Jesu eigenes Wirken wird zum Zeichen des neuen Äons: „Wenn ich aber die Dämonen durch den Finger Gottes austreibe, dann ist das Reich Gottes schon zu euch gekommen" (Lk 11,20). Gerade dieser Vers macht deutlich, wie sehr Jesus in der Gegenwart des Gottesreichs lebt. Es ist nicht nur nahe herbeigekommen, sondern es ist bereits da, noch nicht vollendet, aber angebrochen. Stehen Dämonen im Weltbild der Zeitgenossen Jesu für die Unfreiheit des menschlichen Willens, so bedeutet die Austreibung der Dämonen nichts anderes als Befreiung. Vor diesem Hintergrund sind auch die zahlreichen Heilungs- und Wundergeschichten des Neuen Testaments zu lesen. Sie veranschaulichen metaphorisch die anbrechende Wirklichkeit des Gottesreichs auf Erden. Doch nicht nur Jesus selbst greift verändernd in die heillose Welt ein. Auch seine Jüngerinnen und Jünger wirken an der Transformation der Welt mit (Mt 9,38; 10,16; Lk 10,2f.). Zwar ist es Gott selbst, der sein Reich und seinen Willen verwirklicht, doch auch durch die Menschen, durch ihren guten Willen und ihre guten Werke vollzieht sich das machtvolle Handeln Gottes.

Freilich ist die Gewissheit Jesu bezüglich der Gottesherrschaft, die den Inhalt seiner Frohen Botschaft ausmacht, kontrafaktisch. Die Menschen sind tatsächlich noch unfrei und ungerecht, und sie leben in einer Welt, in der sich der Wille Gottes empirisch gesehen weiterhin allzu oft gerade nicht vollzieht. Doch eben deshalb bedarf es der Verkündigung, der Heilung, des Einsatzes für Gerechtigkeit, denn in jeder Heilung, in jedem guten Wort und in jeder gerechten Tat geschieht der Wille Gottes. Dieser ist der Heilsplan, den er nun auf Erden auch endgültig durchsetzen will. Gottes Heilsplan konnte und kann von den Menschen oder vom Satan niemals verhindert werden. Zurück zum Anfang: Gott hat eine gute Welt geschaffen. Doch soll in dieser Welt nicht nur sein Wille, sondern auch die Eigendynamik und der Eigenwille der Schöpfung ermöglicht werden. Gott hat die Welt so geschaffen, dass in seiner Schöpfung geschehen kann, was er nicht will. Widergöttliches, Böses, Ungerechtigkeit und Unfreiheit sind möglich und mehr noch wirklich. Allerdings gehört es zur jüdischen Überzeugung Jesu, dass Gott selbst immer neu ansetzt, um die Herrschaft des Übels zu überwinden. So geht auch Jesus davon aus, dass

Gott sein Volk niemals im Stich lässt, ja, er weiß sich selbst als Gesandten seines himmlischen Vaters, als der er die Durchsetzung des Gotteswillens auf Erden befördern soll. Schließlich soll sich in seinem Wirken der eschatologische Wille des Vaters verwirklichen – gegen allen Anschein (griechisch: *dóxa*). Jesu eigener Wille wird dabei an eine Grenze geführt, die ihn darum bitten lässt, dass der „Kelch" der letzten Konsequenz seines Engagements an ihm vorübergehe: „Mein Vater, wenn dieser Kelch nicht an mir vorübergehen kann, ohne dass ich ihn trinke, so geschehe dein Wille" (Mt 26,42). Jesus trinkt den Kelch und wird als Verbrecher hingerichtet. Vordergründig ist seine Mission gescheitert.

Doch stellt der Kreuzestod Jesu, das scheinbare Scheitern, nur den Höhepunkt der Paradoxie dar. Dem Anschein *(dóxa)* nach hat das Widergöttliche gesiegt. In Wahrheit verbirgt sich in Leid und Tod die Herrlichkeit *(dóxa)* Gottes, die menschliches Ermessen übersteigt. Einerseits geschieht hier, was definitiv nicht geschehen soll: Unrecht und grauenhaftes Leiden eines Unschuldigen. Andererseits bleiben die Jüngerinnen und Jünger Jesu seiner Frohen Botschaft *(euangélion)* gerade dadurch treu, dass sie auch durch dieses Geschehen nicht von der Überzeugung Jesu abgebracht werden können: Das Reich Gottes ist angebrochen. Der Wille Gottes geschieht – im Himmel und auf Erden. So vertieft sich im Zeichen des Kreuzes der Begriff des „Evangeliums". Auch das, was nicht sein soll, was dem Willen Gottes widerspricht, der ja das Leben und das Heil will, kann den Heilsplan Gottes nicht verhindern. Die darin liegende, fast unerträgliche Spannung kommt bereits in der erwähnten Getsemani-Szene zum Ausdruck: „Meine Seele ist zu Tode betrübt" (Mk 14,34). „Aber nicht, was ich will, sondern was du willst" (Mk 14,36). Die Herrlichkeit Gottes hat an der Wirklichkeit des Leids keine Grenze. So wird der ungewollte Tod Jesu zum Zeichen der gewollten Befreiung – über den Tod hinaus. Die Transformation der Welt geht weiter. Der Gekreuzigte wird am dritten Tag von den Toten auferstehen.

Für diejenigen, die an Christus glauben, wird das Kreuz zum paradoxen Zeichen des Heils. Gott will nicht das Kreuz, aber er will, dass das Kreuz möglich ist. Gottes Heilswille transformiert den Karfreitag zum Ostersonntag. Die Bitte „dein Wille geschehe" besagt dann, Auferstehung möge wirklich werden. Und wir sollen an der Verwirklichung von Auferstehung und an der Verhinderung und Verwandlung von Leid mitwirken. Wie sich der vorösterliche Jesus für die Verwirklichung des Gottesreichs eingesetzt hat, so sollen auch wir dafür sorgen, dass der Wille Gottes auf Erden – wie im Himmel – geschehe. Es geht in unserer Bitte also nicht darum, den eigenen Willen einem dunklen Fatum zu unterwerfen. Vielmehr können wir den Grund unseres eigenen Willens so erfassen, dass im eigenen Willen der Gotteswille geschieht. Gott aber will die Verwandlung der Welt.

Unser tägliches Brot gib uns heute

Ferdinand R. Prostmeier

Die Brotbitte erklärt sich – so scheint es – von selbst, als Bitte um die für das Leben und Überleben in der Welt notwendige Nahrung. Wird diese Bitte nicht von der geschichtlichen Erfahrung als folgenlos entlarvt? Liegt in der ersten Wir-Bitte im Vaterunser womöglich eine tiefere Bedeutung? Weist das Stichwort „Brot" auf die Abendmahlsgeschichte voraus und will die Brotbitte hintergründig als Hinweis auf die Eucharistie gelesen werden? Spekulationen dieser Art sind keineswegs neu. In der Regel verraten sie mehr über die Ausleger als über den Glauben der ältesten Gemeinden und die Bedeutung der Brotbitte für sie.

Die Brotbitte gibt bei der Übersetzung des griechischen Grundtextes unlösbare Schwierigkeiten auf. Das belegen die Übersetzungen in beiden Konfessionen. Probleme bereitet das Adjektiv *epioúsios*. Vor Mt 6,11 und Lk 11,3 ist es nicht belegt. Seine Bedeutung ist unklar. Anfang des 3. Jahrhunderts vermutet Origenes (gest. 253) in seiner Auslegung zum Vaterunser, dieses sonst unbekannte und ungebräuchliche Wort sei „von den Evangelisten gebildet worden" (Vom Gebet 27,7). Es könnte bedeuten: „zum Dasein nötig", „für den gegenwärtigen Tag", „für den bevorstehenden Tag" oder „für die Zukunft". Demnach erbitten die Beter von Gott, dass er ihnen heute das Brot gibt, das *entweder* „für das Dasein nötig ist", „für den gegenwärtigen Tag nötig ist", „für den folgenden Tag nötig ist", *oder* sie erbitten ein Brot, das in irgendeiner Form auf die Zukunft bezogen ist. Wegen der vorausgehenden Du-Bitten wäre mittels *epioúsios* der Blick auf die Endzeit gerichtet. Diese letzte Variante hat bei den Kirchenvätern Karriere gemacht, weil sie daraus ihre Deutung der Brotbitte auf die Eucharistie ableiten konnten.

Die Schwierigkeiten einer zutreffenden Erklärung des Adjektivs lassen sich im Vergleich der Brotbitte im Vaterunser in Mt 6,9b-13 und in Lk 11,2b-4 erkennen. In Lk 11,3 wird „unser Brot" nicht für „heute" (Mt 6,11) erbeten, sondern für „jeden Tag". Folglich meint in der lukanischen Brotbitte das rätselhafte Adjektiv *epioúsios* den „folgenden Tag". Dafür sprechen verwandte Bezeichnungen für „den folgenden, den kommenden Tag" in der griechischen Literatur. Demnach bitten die Beter Gott, jeden Tag genug zu essen zu haben. „Brot" steht nämlich in Lk 11,3 ebenso wie in Mt 6,11 für Nahrung insgesamt (vgl. Dtn

9,9). Im Matthäusevangelium, dessen Version des Vaterunsers im kirchlichen Leben bestimmend geworden ist und das die Gabe für „heute" erbittet, wäre die Brotbitte wie folgt zu übersetzen: „Unser Brot für morgen gib uns heute." Wie die matthäische Gemeinde dieses „heute" verstanden hat, ist nicht sicher. Vielleicht hat sie die Konzentration auf die Lebensgegenwart der Beter im Licht des Weisheitsspruchs von Mt 6,34b begriffen, wonach alles Planen vergebens ist und der Mensch an der Last jedes Tages genug zu tragen hat. Anders die lukanische Gemeinde: Mit ihrer Version der Brotbitte, die Brot für „jeden Tag" erbittet, löst diese sich vom Augenblick und öffnet sich programmatisch der Geschichte.

In der Brotbitte wird allerdings nicht allgemein „Brot" erbeten, sondern es heißt: „unser Brot". Der Ausdruck spielt auf prophetische und auf psalmistische Tradition an. Liest man die Brotbitte vor diesem Hintergrund, dann ist zweierlei klar: Die Brotbitte zielt nicht zuerst auf hinreichende Nahrung, und zwar lebenslang; die Beter tragen vielmehr ihre Grundbedürftigkeit vor Gott. Von hier aus erschließt sich das Aussageziel: In der Brotbitte bekunden die Beter die Gewissheit, dass Gott derjenige ist, der seine Geschöpfe erhält und dem sie ihr Überleben verdanken. Die an Gott, den Vater, mit Nachdruck gerichtete Bitte „gib!" sowie die Zeitbestimmung „heute" in Mt 6,11 bekräftigen diese

Gewissheit und erschließen ihre Bedeutung für Glauben und Leben im Alltag der Welt. Im Vollzug der Brotbitte unterstellen die Beter ihr Leben jetzt und Tag für Tag, also immer, der lebenserhaltenden Gegenwart Gottes. Im Anschluss an die Du-Bitten, die den Blick auf die endzeitliche Zuwendung Gottes zu den Menschen richten, ist in der Brotbitte überdies die Zuversicht mitzuhören, dass die Weltgegenwart Gottes Sicherheit gibt, um nicht vom Glauben an Gott abgedrängt zu werden.

Im Matthäusevangelium steht dem Vaterunser eine Belehrung über den Zusammenhang von Gebet und Gottesbild als Notenschlüssel voraus (Mt 6,5–9a). Diese Belehrung weist auf die Funktion des Vaterunsers im Glaubensleben. Anders als jüdische Gebetspraxis es vorgibt, verbürgen weder sakrale Räume eine Gebetserhörung noch erwirken sie oratorische Prunkreden nach heidnischer Frömmigkeitstradition. Sie beruht Mt 6,6 und 6,8b zufolge vielmehr darauf, dass sich Gott dem Beter zuwendet. Gottes Zuwendung begründet das Matthäusevangelium damit, dass Gott noch vor jeder Bitte weiß, was der Beter benötigt. Im Anschluss an diese Vorrede ist das Vaterunser mehr als ein Bittgebet und in der Brotbitte wird nicht zuerst um die Befriedigung des Nahrungsbedarfs gebeten. Vielmehr kommt im Vaterunser und eben auch in der Brotbitte die Grundhaltung zur Sprache, von der Gott wünscht, dass der Mensch sie vor ihm einnimmt. Im Matthäusevangelium ist die Brotbitte Lobpreis und zugleich Bekenntnis, dass Gott in seiner Schöpfung in einer Weise gegenwärtig ist, dass Lebensnotwendiges unter seiner Fürsorge steht. Mit der Brotbitte bekennt der Beter im Lobpreis Gottes, des Vaters, dass von der Ordnung, die Gott seiner Schöpfung eingeschrieben hat, auch der Alltag der Welt getragen ist. Vor dem Hintergrund der Belehrung über das Gebet bekunden die Beter mittels der Brotbitte ihren Glauben, dass die Zuwendung Gottes zu allen Menschen, die in der Botschaft Jesu von der nahegekommenen Gottesherrschaft verkündet ist und die im Vaterunser oratorisch zur Sprache kommt, weder begrenzt ist auf heilige Orte noch ordnungsgemäße Frömmigkeit voraussetzt, sondern in der Lebenswelt geschieht und kompetent macht, um im Alltag der Welt als Christin und als Christ zu leben.

Ein Zeugnis für diese in Gebetssprache umgegossene Entschränkung bietet die Didache; das ist die älteste Kirchenordnung, die wir besitzen. Sie enthält ein Vaterunser, das der matthäischen Version nahesteht (Did 8,1b–2). Alle werden von der Didache angewiesen, dreimal täglich das Vaterunser zu beten (Did 8,3). Diese Wiederholung verleiht dem Tagesablauf aber nicht nur eine liturgische Struktur, sondern das Beten des Vaterunsers war ein Mittel, um gegenüber dem Judentum den neuen Glauben an Gott zu bekunden.

Dass diese frühen Gemeinden mit der Brotbitte die Vorstellung verbunden haben, Gott, der Vater, werde sie dreimal täglich mit Nahrung versorgen, ist nicht wahrscheinlich, denn unmittelbar vor der Gebetsanweisung wird angeordnet, jede Woche an zwei Tagen zu fasten (Did 8,1a). Ähnlich folgt im Matthäusevangelium auf das Vaterunser die Anweisung, dass die Gemeinde weiterhin die wöchentlichen Fasttage halten soll (Mt 6,16–18). Das Vaterunser und in ihm die Brotbitte dient in diesen frühen Gemeinden genau dazu, was dieses Gebet womöglich von Anfang an ist: Lobpreis und Bekenntnis.

Und vergib uns unsere Schuld, wie auch wir vergeben unseren Schuldigern

Mirjam Schambeck sf

Dies ist eine der schweren Bitten des Vaterunsers. Dass in ihr die erfahrene und erhoffte Vergebung so unmittelbar und schnörkellos mit der eigenen Vergebungsbereitschaft verbunden wird, erschreckt – mindestens. Ist es wirklich so, dass uns Vergebung nur in dem Maß zuteilwird, in dem auch wir anderen die Schuld erlassen? Gilt also doch wieder das Prinzip des *do ut des* („ich gebe, damit du gibst"), nur das erwarten zu dürfen, was wir zuvor auch selbst in die Waagschale geworfen haben? Ist die Frohe Botschaft also auch nicht besser als die archaischen Regeln des Ausgleichs? Außerdem: Drängt diese Vaterunserbitte die Initiative nicht zu sehr den Menschen auf, anstatt sie Gott zuzusprechen? Und wie ist das eigentlich mit dem Vergeben? Hält da jemand nur den Konflikt nicht aus und flüchtet sich lieber in einen schönen, aber duckmäuserischen Frieden, als die Dinge beim Namen zu nennen? Macht Vergebung das geschehene Unrecht nicht zu klein und drängt es in die Vergessenheit ab, anstatt sich ihm zu stellen?

Das sind nur einige Anfragen, die die Vergebungsbitte aufwirft. Sowenig diese durch einfache Antworten aus der Welt geschafft werden können, so lässt die Vergebungsbitte bei näherem Zusehen zugleich erahnen, dass sie etwas ausdrückt, das zwar nicht einfach logisch ist und auf der Hand liegt, für ein nachhaltig gutes Leben aber unerlässlich bleibt.

Sie tut dies, indem sie nicht nur Entscheidendes für das alltägliche Leben formuliert. Sie beschränkt sich auch nicht darauf, Beziehungen zwischen einzelnen Menschen und den Menschen und Gott zu orientieren. Sie tut neue Horizonte für das gesellschaftliche Miteinander und den Umgang mit einer schuldvollen Geschichte auf. Dies ist angesichts von Populismen selbst in den christlichen Parteien, erstarkenden Ausgrenzungsbestrebungen und Diskriminierungen von Juden und Jüdinnen, Geflüchteten und Menschen mit Behinderungen sowie einem unfassbaren Wiedererstarken der rechten Szene in

Deutschland so notwendig wie seit vielen Jahren nicht mehr. Die Rede, die Anita Lasker-Wallfisch zum Holocaust-Gedenktag am 31. Januar 2018 im Bundestag hielt, ist vor diesem Hintergrund eine brandaktuelle Ausdeutung, was wirkliche Vergebung und vergeben zu können meinen, und bietet eine Kontextualisierung der Vaterunserbitte in unsere Lebens- und Gesellschaftsfragen hinein: Die Ausführungen Lasker-Wallfischs sind für sich schon nachdenkenswert. Sie werden aber zum tiefen Impuls, den Dingen nicht einfach ihren Lauf zu lassen, wenn man sich ihre Lebensgeschichte in Erinnerung ruft.

Als Lasker-Wallfisch 16 Jahre alt war, wurden ihre Eltern nach Auschwitz deportiert. In ein Waisenhaus verfrachtet unternimmt sie zusammen mit ihrer Schwester Renate alles, um nicht einfach zu warten, bis auch sie abgeholt würden. Sie fälschten Papiere, wollten entkommen, wurden erwischt und ins Gefängnis gesperrt. Das Desaster nahm seinen weiteren Lauf. Trotzdem schienen Zuchthaus und Gefängnis besser zu sein, als gleich nach Auschwitz transportiert zu werden. Schließlich geschah aber auch das. Anita und ihre Schwester Renate trafen unabhängig voneinander in Auschwitz ein. Anita Lasker-Wallfisch hat überlebt, weil sie Cello spielen konnte, Renate, weil es ein noch größeres Wunder war. Anita Lasker-Wallfisch hat alles mitgemacht, was niemals in Worte passt und doch mit dem Namen Auschwitz bleibend verbunden ist: Unmenschlichkeit, Entwürdigung, Willkür, Gewalt, Folter, die Ermordung ihrer Familie, von unzähligen Kindern, Frauen und Männern, die ständig und überall lauernde Angst, die alles zerfrisst.

Sie, die weiß, wie es sich anfühlt, gehasst zu werden, die am eigenen Leib erlebt hat, wie der Hass von Nazischergen den Blick auf das Gesicht des anderen verstellt, und die selbst allen Grund zum Hassen hat, beginnt ihre Rede zum Holocaust-Gedenktag mit dem Aufruf: „Redet miteinander, baut Brücken!", und: „Hasst nicht!" Wie kann jemand, dem selbst Schlimmstes angetan wurde und der jedes Recht und allen Grund hätte zu hassen, sagen: „Hasst nicht!"? Lasker-Wallfisch erklärt, dass sie lange Jahre voll des Hasses war und geschworen hatte, nie wieder ihren Fuß auf deutschen Boden zu setzen. Ihr Hass sei sogar grenzenlos gewesen. Und doch: Schon seit vielen Jahren reist sie wieder nach Deutschland, um vor Schulklassen zu sprechen und Menschen zu ermutigen, nicht zu vergessen. Der Hass hat keinen Raum mehr, denn „Hass" – so Lasker-Wallfisch – „ist ganz einfach ein Gift, und letzten Endes vergiftet man sich selbst."

In unserer Gesellschaft, in der der Hass wieder hoffähig geworden ist, in der Menschen anderen Menschen wieder absprechen, Würde zu haben und dazuzugehören, in der sich nicht mehr nur Spinner und Abseitige erdreisten, gegen Juden zu hetzen, Muslime unter Generalverdacht zu stellen und Schutzsuchende als Sündenböcke vorzuführen, mag nichts so sehr weiterhelfen, wie Menschen zuzuhören, die den Hassparolen widerstehen.

Eine Gesellschaft, die menschlich bleiben will, darf den Hasspredigern und den tiefen Gräben, die sie aufreißen, nicht nachgeben. Das ist vielleicht die tiefere Botschaft der Vergebungsbitte des Vaterunsers: Gebt dem Bösen nicht nach! Vergeltet nicht Böses mit Bösem oder noch Schlimmerem! Dreht die Spirale der Gewalt nicht weiter! Dass Vergeben nicht heißt, erfahrenes Unrecht kleinzureden, so zu tun, als ob es nie geschehen wäre, die Augen zu verschließen und einfach zu vergessen, formulieren Thesen, die die Luxemburger Kommission „Justitia et Pax" im Jahre 2000 als Regeln für die Bewältigung von Unrecht und Leid aufgestellt hat und die u. a. im Zuge der Aufarbeitung der Apartheid eine Rolle gespielt haben. Die Weisheit der Vergebungsbitte des Vaterunsers ist dort in zehn Worte für unsere Zeit gegossen:

„1. Vergebung kann ein langer Prozess sein.
2. Vergebung ist nicht von einem Geständnis abhängig.
3. Vergebung erfordert keine übereinstimmende Auffassung von der Vergangenheit.

4. Vergebung bedeutet, mein Recht auf Rache loszulassen.
5. Vergebung bedeutet nicht Vergessen.
6. Vergebung bedeutet, das Unrecht nicht immer wieder zur Sprache zu bringen.
7. Vergebung bedeutet nicht, das Verhalten einer anderen Person zu entschuldigen.
8. Vergebung bedarf vorab einer Entscheidung.
9. Vergebung bedeutet nicht unbedingt, erneut zu vertrauen.
10. Vergebung ist Voraussetzung für Neuanfang."

Vergebung erfahren und Vergeben können sind damit mehr als Tugenden, die man haben kann oder auch nicht. Sie bezeichnen Haltungen, um die man sich bemühen muss, die erbeten werden wollen, die letztlich aber geschenkt sind, gratis eben. Sie sind so groß, dass sie Gottes bedürfen, um Wirklichkeit zu werden. Und um nichts weniger geht es in der Vergebungsbitte.

Und führe uns nicht in Versuchung

Michael Hauber

Mit Beginn des neuen Kirchenjahres führten die französischsprachigen Bischöfe Ende 2017 eine neue Übersetzung des Vaterunsers in den Gottesdiensten ein. Diese war lang vorbereitet und wurde nicht geheimgehalten. Sie war vielmehr von Johannes Paul II. veranlasst sowie faktisch von Benedikt XVI. genehmigt und rief erst bei ihrer Einführung Kritik hervor. Zum Sturm der Entrüstung wuchs sich diese aus, als Papst Franziskus in einem Interview im Advent 2017 den französischen Bischöfen den Rücken stärkte: Er solle zurücktreten, er habe keinerlei Kompetenz, über den Text zu urteilen, man verfälsche die Worte Jesu, der Papst verhübsche das Gottesbild, die bisherige deutsche Übertragung brauche keine Verbesserung, sie gebe das griechische Original präzise wieder. Die Reihe ließe sich fortsetzen. Was war geschehen? Der Papst meinte, die Übersetzung „führe uns nicht Versuchung" sei *schlecht*. Wohlgemerkt: Er behauptete nicht, sie sei falsch! Warum aber sei sie schlecht? Gott als guter Vater führe ja nicht in Versuchung und die neue französische Version „lass uns nicht in Versuchung geraten" sei vernünftig.

Laien und Fachleute haben sich in fast unüberschaubar großer Anzahl zu Wort gemeldet. Selten aber haben sie in die Grammatiken und Wörterbücher des Griechischen geschaut. Denn sonst hätte man feststellen können: „Lass uns nicht in Versuchung geraten" ist eine durchaus mögliche Übersetzung aus dem Griechischen. Diese Sprache weist viel häufiger als das Deutsche eine direkte Handlung einer Person zu, die nicht selbst aktiv wird. Das Paradebeispiel in den Grammatiken lautet: „Xerxes schlug eine Brücke über den Hellespont". Der persische Großkönig Xerxes rührte mit Sicherheit nicht einen Finger *selbst* für die genannte Brücke. Solche Ausdrücke kann man *kausativ* verstehen: Xerxes *ließ* eine Brücke bauen. Welchen theologischen Grund gibt es, auch die sechste Vaterunserbitte kausativ zu deuten? Ganz einfach: Gott ist gut. Er führt uns nicht aufs Glatteis und daher auch nicht in Versuchung. Die Rede von einem „dunklen Gott", der dies vielleicht doch tun würde, hilft nicht weiter, denn Gott mag *für uns* nicht immer verständlich sein, aber er ist dennoch stets gut und vernünftig. Er ist größer, als wir ihn uns denken können, aber gewiss kein Dämon. Die Botschaft des Alten wie des Neuen Testaments ist eindeutig: Gott buhlt geradezu darum, jegliches Misstrauen zu zerstreuen, das Menschen gegen ihn hegen könnten. Wir haben also jeden Grund, ihm zu vertrauen. Und genau dies drückt das Gebet aus, das alle Kinder Gottes voller Vertrauen zu ihrem Vater sprechen dürfen. Daher darf solches Vertrauen auch bei der Übersetzung zum Ausdruck kommen. Die Basisannahme, dass das Vaterunser ein Gebet des Vertrauens ist, trägt in den Text nichts Fremdes ein. Wenn sich bei einer Übersetzung dieser Gedanke noch stärker Bahn bricht, als er (vermeintlich) im griechischen Original ausgedrückt ist, ist das noch lange keine Verfälschung, sondern vielmehr die Wahrung der Textaussage unter den Bedingungen einer Übertragung in eine moderne Fremdsprache.

Darüber hinaus hilft es, sich die Auslegungsgeschichte des Vaterunsers anzusehen: Die Kirche deutete die sechste Bitte als ein *Nicht-Zulassen* der Versuchung und ging damit sogar noch über die kausative Übersetzung hinaus! So sehen das Cyprian von Karthago (um 250), Ambrosius (um 370), Augustinus (um 400), Thomas von Aquin (um 1260), die Autoren des Catechismus Romanus von 1566 und des aktuellen Katechismus der Katholischen Kirche (KKK 2846). Gott versucht niemanden. Und er verursacht eine Versuchung – wenn überhaupt – nur dadurch, dass er sie *zu*lässt.

Die frühen lateinischen Bibeln haben außerdem unterschiedliche Textvarianten in Mt 6. Das ist für uns heute ein ungewohntes Faktum. Dort gibt es dann auch Fassungen, die lauten: „Lass uns nicht in Versuchung geraten" – und die Bischöfe Cyprian und Ambrosius benutzten diese Worte (auf Latein) in ihren Gottesdiensten. Sind die Kirchenväter Jesuswortverfälscher? Das fällt vor allem für Ambrosius schwer zu glauben, der das damals noch lebendige Altgriechisch so exzellent beherrschte wie heute kaum eine Theologin oder ein Theologe. Vielmehr zeigt sich: Die *eine, allein präzise* Übersetzung von einer in eine andere Sprache kann es gar nicht geben. Nur Annäherungen. Die mechanische Übertragung „führe uns nicht in Versuchung" versteht man offenkundig nicht von selbst. Sonst hätte es kaum von Cyprian bis zum Katechismus der Katholischen Kirche stets Erläuterungen zu dieser Bitte gegeben. Dann aber sollte man auch zugeben, dass die Übersetzung „führe uns nicht in Versuchung" eben nicht gut ist. Eine gute, treffende Übersetzung ist nämlich im besten Fall selbst-verständlich, mindestens aber so beschaffen, dass sie die wenigsten Missverständnisse hervorruft.

Was bedeutet das für uns heute? Über Jahrhunderte gab es mehrere lateinische Fassungen des Vaterunsers; und auch die aktuelle lateinische sowie deutsche Übersetzung, die man in der Messe betet, entspricht nicht dem griechischen Bibeltext. Bei der vierten Bitte wird um das „tägliche" Brot gebetet – „täglich" ist aber mit an Sicherheit grenzender Wahrscheinlichkeit nicht die Bedeutung des Wortes *epioúsios*. Wir wissen nicht einmal genau, was dieses Adjektiv bedeutet. Es muss also wenigstens die Frage erlaubt sein, ob man die vom Papst für besser befundene Version nicht auch im Gottesdienst beten kann. Sie ist nämlich weder falsch noch hypothetisch, vermutlich sogar richtiger als die bisherige Übersetzung. Man könnte auf Deutsch „lass uns nicht in Versuchung geraten" beten, vielleicht auch abwechselnd mit der jetzigen Fassung.

Doch gewinnt man damit überhaupt etwas? Ist Gott denn weniger verantwortlich, wenn er „nur" zulässt und nicht aktiv verursacht, dass wir in Versuchung geraten? Kein Zweifel: Gott ist in beiden Fällen verantwortlich. Man muss auch nicht das viel zu überbeanspruchte Wort von der Freiheit bemühen, die Gott uns gab. Darum geht es auch nicht, sondern darum, dass Gott uns Partner an der Verantwortung für die Welt und füreinander sein lässt. Daher dürfen wir Gott als Vater ansprechen. Das verniedlicht ihn nicht, es adelt uns indes! Wir haben also Raum, uns gegenseitig Versuchung zu ersparen oder zuzumuten. Er lässt beides zu. Nur so kann er uns an der Verantwortung für die Welt teilhaben lassen – oder wie es vor 1700 Jahren schon hieß: vergöttlichen. Gerade da, wo uns der Text des Vaterunsers auf den ersten Blick am fremdesten zu sein scheint, lohnt der zweite Blick. Alle, die Gott zutrauen, ihnen Vater zu sein, dürfen und sollen beten: Lass uns nicht in Versuchung geraten. In dem Moment, wo wir so beten, erfahren wir Erlösung viel umfassender, als wir sie uns vorstellen können. Und wir dürfen gewiss sein: Auch wenn wir Gottes Hilfe, Versuchungen zu überwinden und vom Übel erlöst zu werden, nicht sofort erkennen können, so wird sie uns dennoch nie fehlen.

Sondern erlöse uns von dem Bösen

Michael Hauber

Zu den spannendsten Momenten im Leben von Theologinnen und Theologen gehört, wenn sich plötzlich unerwartete Erkenntnisse bei Gegenständen einstellen, von denen man überzeugt war, sie seien doch eigentlich klar. Die Beschäftigung mit dem Text der siebten Vaterunserbitte war für mich so ein Moment. Was soll sich an großartig Neuem ergeben, wenn der griechische Text sofort und unproblematisch ins Deutsche übertragen werden kann, der Sinn klar ist, ein herausragendes Gebet des Neuen Testaments „rund" und abgeschlossen wirkt? Die letzte Bitte stammt nach Überzeugung der Fachleute nicht ursprünglich von Jesus und soll die sechste Bitte positiv formulieren – es läge dann ein wunderschöner Parallelismus vor, wie er in der Bibel oft gebraucht wird:

Ein Sachverhalt wird auf zwei unterschiedliche Weisen ausgedrückt.

Doch dann ging ich ans Buchregal und holte Fach- und v. a. Wörterbücher hervor. Ich war verwundert, runzelte die Stirn und war erst einmal ein wenig konfus: Weder das „Sondern", noch das „Erlöse" noch das (oder der?) „Böse" waren sprachlich so klar zu fassen, wie ich es erwartet hatte. Natürlich gilt, dass Texte zu übersetzen stets ein heikles Geschäft ist. Ohne Verluste an Bedeutungszusammenhängen ist das nicht zu machen. Wir haben im Deutschen z. B. ein bestimmtes Bild im Kopf, wenn wir von „Auswendiglernen" sprechen. Im Französischen und Englischen heißt die parallele Formulierung „mit dem Herzen lernen". Bringen wir also diese aus den beiden Sprachen ins Deutsche, geht uns immer das Element „Herz" verloren. Beim Altgriechischen müssen wir dann auch noch mit der kulturellen Distanz von gut 2000 Jahren rechnen.

Beim Übersetzen beginnt man am besten mit dem Prädikat, der Satzaussage. *Rhŷsai* ist eine Befehlsform und zwar eine mit besonderer, aktueller Dringlichkeit: „Erlöse jetzt, ganz unbedingt, sofort" – wäre die erste Wiedergabe. Doch das ist noch nicht genau genug. Denn „Erlösen" ist nicht der exakte Sinn dieses griechischen Verbs. Der Sinn von Erlösung kann ja sowohl die Bewahrung vor etwas Schlimmem sein, als auch aus einer entsprechenden Situation herausgerissen zu werden. Das Griechische kennt für beide „Erlösungen" ein Wort *(sózein)*, aber im Vaterunser wird dasjenige benutzt, das eher nur „bewahren" bedeutet. Schaut man sich im Alten und Neuen Testament noch genauer andere Stellen an, an denen von diesem bewahrenden Erlösen *(rhýesthai)* gesprochen wird, fällt noch etwas auf: *Gott* bewahrt – und er bewahrt den Menschen in einem Heilszustand bzw. davor, aus diesem herauszufallen. „Bewahre uns ganz unbedingt jetzt!" – ja wovor eigentlich?

Die Sprache des Neuen Testaments kennt viele Bezeichnungen für „Böses". Das im Vaterunser gewählte Wort *(ponerós)* rückt das Böse an das Lästige, schwer Erträgliche, moralisch Minderwertige heran. Doch durch sprachliches Herantasten kommen wir dieses Mal nicht so nahe an das Gemeinte heran, wie dies beim Prädikat der Fall war. Was ist das Böse? Die theologische Standardantwort lautet: Die Abwesenheit von Gutem, das da sein sollte. Das ist nun zweifelsfrei ganz richtig, bleibt aber immer noch blass. Eine kleine Rückbesinnung kann helfen. Das erste Wort im Vaterunser (im Deutschen wie im Griechischen) ist Vater, das letzte Wort das „Böse". Wenn wahr ist, dass Gott gut ist, ja dass er der einzig und allein wirklich Gute ist und das Böse die schiere Abwesenheit davon, dann heißt das, dass „böse" all das ist, was uns an einem guten Leben hindert. Gut heißt hier, dass dieses unser Leben sich in Gott geborgen wissen darf und wir daher nur bei, ja in Gott glücklich sein können. „Böse" ist dann nicht ein missgünstiger Gedanke, eine zotige Bemerkung, eine kleine Unverschämtheit. „Böse" ist eigentlich nur eines: Nicht bei Gott sein, ihm nicht zutrauen zu *wollen,* dass er es mit uns gut meint, und ihm stattdessen zu unterstellen, dass er doch geheime Vorbehalte gegen uns hat, weil wir ihn nicht durchschauen können. Wenn sich solche Gedanken in unsere Seele schleichen – wer ist davor gefeit? –, dann wird es uns eng um das Herz. Das Wort Angst ist von diesem Engsein um das Herz abgeleitet. Letztlich ist Böses, das wir als solches wahrnehmen, immer eine Frucht dieser Angst. Die Angst, zu kurz zu kommen: Man redet schlecht über den Nachbarn, neidet einer Arbeitskollegin die Gehaltserhöhung, unterstellt Geflüchteten Asyltourismus (ein widerliches Wort). Warum eigentlich? Es hat bisher gereicht, es wird auch weiter reichen – und: das letzte Hemd hat keine Taschen. Die Freude am Leid anderer, kleine Gemeinheiten, aber auch wirklich Ekelhaftes, verstörend Böses: Es rührt von der Angst, dass einer sich verliert, sein Selbstwertgefühl nur daraus zieht, (vermeintlich) besser gestellt zu sein als andere. Auch wenn eine solche Angst vielfach das Angesicht eines anderen Menschen hat, wird die Frage danach, ob hinter ihr eine böse Person, also der Teufel, steht, obsolet. Unausgesprochen hat das auch die alte Übersetzung „erlöse uns vom Übel" gezeigt. Der Begriff Übel umgreift den Bösen und das Böse, spricht aber nicht endgültig darüber, ob nur eines von beiden stimmt.

Vor der Angst jedenfalls soll Gott uns bewahren, denn aus ihr stammt alle Bosheit und Verkommenheit. Damit aber stellt sich die Frage, warum die letzte Vaterunserbitte durch das Bindewort *allá* eingeleitet wird, das in der Regel einen Gegensatz zum vorhergehenden Satz herstellt: „aber, sondern". Die sechste Bitte geht ja in dieselbe Richtung wie die letzte! Zum einen hilft ein Blick auf unsere Sprachpraxis. Manchmal leiten auch wir Sätze mit einem Aber ein, ohne dass ein Gegensatz ausgedrückt werden soll. Das Bindewort markiert dann nur einen etwas abrupten Einsatz und vor allem eine Dringlichkeit. Zum anderen kennt das Griechische tatsächlich auch die freiere Bedeutung „Wohlan". Sie wird bei einem Resümee gern benutzt. Und letzteres trifft ja in einem doppelten Sinne auf die siebte Vaterunserbitte zu: Sie fasst erstens das Gebet zusammen, mindestens die letzten beiden Bitten. Und zweitens ist ja die letzte Bitte nachgetragen worden, also so etwas wie ein erster Kommentar, den der Evangelist selber an das Gebet, das die Kinder Gottes beten sollen, anfügt.

Dieser Kommentar würde dann in unseren Worten lauten: Habt keine Angst! Gott ist ein guter Vater, der seine Kinder liebt. Und er liebt sie unendlich. Aus dieser Liebe heraus kann man jeden Tag bestehen. Das Einzige, dessen es dazu bedarf, ist grenzenloses Vertrauen zu einem Gott, der uns wohl will. Und damit wir dieses Vertrauen auch berechtigt haben dürfen, lässt er sich Vater nennen. Und wir dürfen uns als seine Kinder bezeichnen. Welche Nähe dürfte wohl inniger sein als die zwischen einem guten Vater und seinen Kindern, die wissen, wie neidlos und barmherzig dieser Vater ihnen gegenüber ist? Wer das Vaterunser in diesem Sinne als Gebet der Kinder Gottes betet, ruft sich damit selbst ins Gedächtnis, dass die größte Freiheit des Menschen darin besteht, ganz auf den Vater vertrauen zu können, so wie es auch Jesus selber getan hat.

Denn dein ist das Reich und die Kraft und die Herrlichkeit in Ewigkeit. Amen

Peter Walter

Die abschließende Doxologie, die nicht zum biblischen Grundbestand des Vaterunsers gehört, nimmt den Lobpreis Gottes der drei ersten Bitten wieder auf und schließt den Kreis. Drei bedeutungsschwere biblische Worte begründen das Vertrauen der Betenden in den zu Beginn als Vater angerufenen Gott. Das erste Wort, Reich oder Herrschaft *(basileía)*, nimmt ausdrücklich die zweite Bitte um das Königtum Gottes wieder auf. Das zweite Wort, Kraft *(dýnamis)*, entspricht dem in der dritten Bitte angesprochenen Willen Gottes, der göttlichen „Dynamik", an der Jesus Anteil hat, der mit Vollmacht *(exousía)* lehrt und handelt (vgl. Mk 1,22.27) und über seine Lebenshingabe verfügt (vgl. Joh 10,18). Diese Kraft ist sowohl bei Jesus, dem von Gottes Geist Gesalbten, dem Christus, wie auch bei allen Christen, die diesen Ehrentitel tragen, Ausweis ihrer Geistbegabung. Die Herrschaft Gottes zeichnet sich, wie man den Leiden des Apostels Paulus ablesen kann, durch diese Kraft, nicht durch menschliches Überzeugenwollen aus (vgl. 1 Kor 4,9–20). Das letzte Wort, Verherrlichung *(dóxa),* von dem sich der Begriff der Doxologie herleitet, schließlich nimmt das Thema der Anerkennung des Gottseins Gottes der ersten Bitte auf. Gott allein gebühren Anbetung und Verehrung. Das Johannesevangelium, in dem dieses Wort eines der Grundworte ist, sieht die Herrlichkeit Gottes gerade in der Fleischwerdung des ewigen Wortes aufleuchten: „Und das Wort ist Fleisch geworden und hat unter uns gewohnt, und wir haben seine Herrlichkeit geschaut, eine Herrlichkeit wie die des Einziggeborenen beim Vater, voll Gnade und Wahrheit" (Joh 1,14). Die am Ende wie in zahlreichen Gebeten thematisierte Ewigkeit bedeutet, wie gerade die ganz konkreten Bitten des zweiten Teiles des Vaterunsers zeigen, keine abgehobene Jenseitigkeit, sondern die Zugewandtheit Gottes zu seiner Schöpfung, sein Gegenüber zu Zeit und Geschichte. Es geht auch nicht um die ewige Wiederkehr des Gleichen, sondern um einen vom Herrn der Geschichte ermöglichten

Neuanfang und Aufbruch. Der abschließende Lobpreis bekräftigt also das Vertrauen der Kinder Gottes in den guten Vater im Himmel.

Die Zufügung der Doxologie zum Vaterunser hat eine ebenso komplexe wie interessante Geschichte. In aktuellen Bibelausgaben endet das Vaterunser ohne diese Doxologie und das bekräftigende Amen, weil diese sich in den ältesten Handschriften des Neuen Testaments nicht finden. In der Didache, einer aus der ersten Hälfte des 2. Jahrhunderts stammenden Kirchenordnung, folgt auf das Vaterunser jedoch schon eine Formel, die mit der in der heutigen Liturgie verwendeten fast identisch ist: „denn dein ist die Kraft und die Herrlichkeit in Ewigkeit" (Did 8,2). Dieser zweigliedrige oder häufiger noch der auf „die Herrlichkeit" eingeschränkte Lobpreis kehrt auch in den Gebeten der in dieser Kirchenordnung überlieferten Mahlfeier mehrfach wieder (vgl. Did 9,2-4; 10,2-5). Das Amen wird dort erst ganz am Ende gesprochen (vgl. Did 10,6), beim Vaterunser fehlt es. Es sei daran erinnert, dass in der vorkonziliaren Messliturgie das Amen nicht von der Gemeinde gebetet wurde, die das vom Priester gebetete Vaterunser mit der letzten Bitte abschloss, sondern vom Priester, und zwar leise.

Das Vaterunser der Didache zeigt, dass man sehr früh den biblischen Text beim Beten um einen zusammenfassenden und lobpreisenden Schluss erweitert hat. Dies hat sich in der Liturgie der Ostkirchen durchgehalten, wo der um die Erwähnung des Reiches erweiterte dreigliedrige Lobpreis bis heute gebraucht wird. Dort wird er allein vom Vorsteher gesprochen, während die Gemeinde insgesamt das Vaterunser und der Chor das Amen betet. Aus der ostkirchlichen Liturgie fand die Doxologie im Verlauf der Zeit Eingang in griechische Bibelhandschriften. Da Erasmus von Rotterdam für seine 1516 erstmals erschienene Ausgabe des griechischen Neuen Testaments nur recht späte, mittelalterliche Handschriften vorfand, in denen das Vaterunser in der Matthäus-Fassung mit dieser Doxologie endet, hat er diese selbstverständlich in den Bibeltext aufgenommen. Martin Luther, der seine deutsche Übersetzung auf der Basis der Erasmus-Ausgabe angefertigt hat, war deshalb der Meinung, dass die Doxologie zum biblischen Text gehört. In seine Katechismen hat er sie allerdings nicht übernommen. Dennoch gelangte das so erweiterte Vaterunser in den reformatorischen Gebetsschatz und in die Liturgie.

Auch die seit der Spätantike ausgebildeten lateinischsprachigen Liturgien des Westens kennen eine Erweiterung des Vaterunsers. Hier wird es nicht mit einem Lobpreis abgeschlossen, sondern die abschließende Bitte um Erlösung von dem Bösen weitergeführt und entfaltet. Diese Fortsetzung wird mit einem griechischen Lehnwort als Embolismus (Einfügung) bezeichnet.

Die vom Zweiten Vatikanischen Konzil angeordnete Liturgiereform griff für das in der Messe gebetete Vaterunser auf die in den östlichen und reformatorischen Kirchen gebräuchliche Doxologie zurück, um den vom Vorsteher der Feier gebeteten Embolismus mit einer Gemeindeakklamation abzuschließen. Diese ist heute so fest mit dem Vaterunser verbunden, dass ihr Gebrauch auch im katholischen Raum außerhalb der Messe selbstverständlich geworden ist. So ist auf verschlungenen Wegen eine ökumenische Gemeinsamkeit aller großen christlichen Kirchen entstanden, die dem Herrengebet als dem grundlegenden christlichen Gebet entspricht.

Über die Autorin und die Autoren

Ulrich Dahmen, Dr. theol., Professor für Alttestamentliche Literatur und Exegese an der Universität Freiburg

Michael Hauber, Dr. theol., Gymnasiallehrer für Griechisch, Latein, Katholische Religionslehre und Philosophie / Ethik in München

Ferdinand R. Prostmeier, Dr. theol., Professor für Neutestamentliche Literatur und Exegese an der Universität Freiburg

Karlheinz Ruhstorfer, Dr. theol., Professor für Dogmatik an der Universität Freiburg

Mirjam Schambeck sf, Dr. theol., Professorin für Religionspädagogik und Didaktik des Religionsunterrichts an der Universität Freiburg

Peter Walter, Dr. theol., pensionierter Professor für Dogmatik an der Universität Freiburg

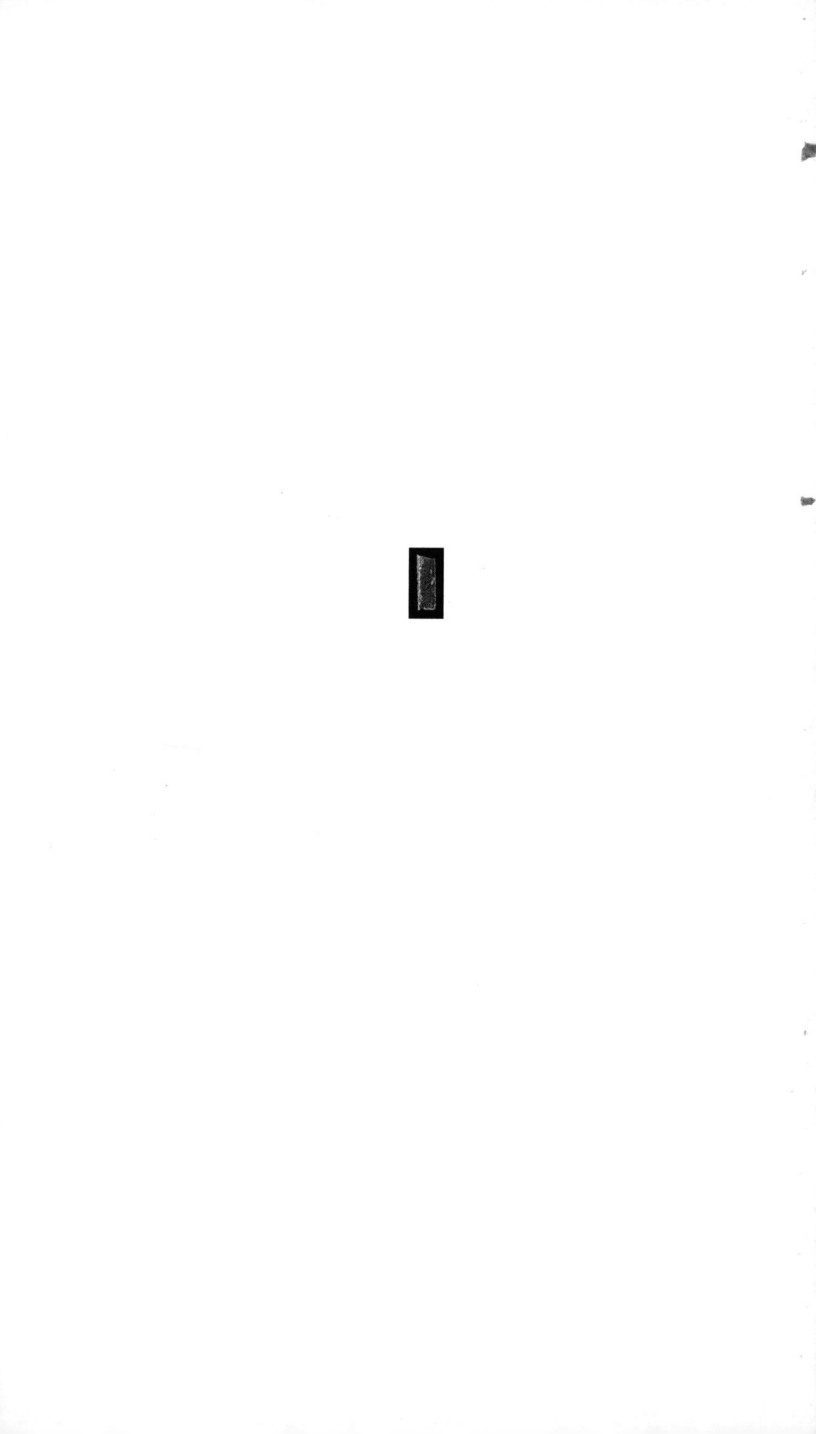